AUTRE LIVRET

Beaucoup plus détaillé que le premier,

PAR

M. JOACH... DUFL...,

GRAND AMI DES ARTS.

50 c.

Se vend au profit de l'Auteur.

LYON.

IMPRIMERIE DE L. BOITEL,

QUAI ST-ANTOINE, 36.

1836.

FEU SUR TOUS!!

FEU SUR TOUS!!

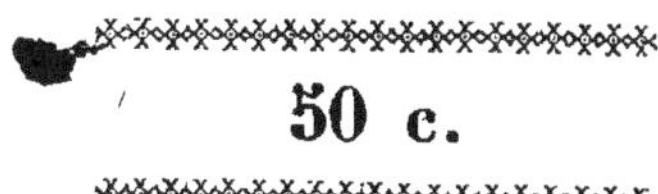

AUTRE LIVRET

BEAUCOUP PLUS DÉTAILLÉ QUE LE PREMIER;

PAR

M. JOACH... DUFL...,

grand ami des arts.

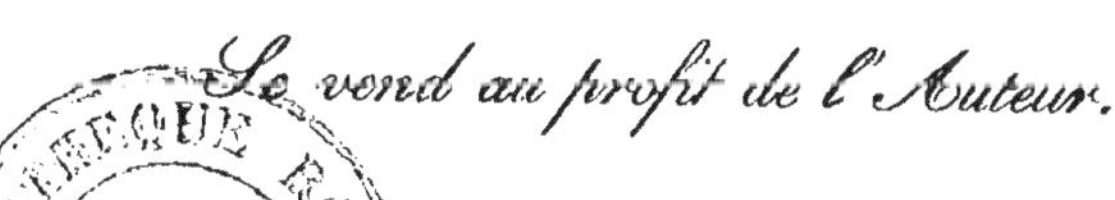

50 c.

Se vend au profit de l'Auteur.

LYON.

Imprimerie de L. Boitel,

QUAI SAINT-ANTOINE, 36.

*

1836.

FEU SUR TOUS!!

DIALOGUE

EN MANIÈRE DE PROLOGUE.

UN CHEF, UN EMPLOYÉ.

L'EMPLOYÉ (*le chapeau à la main*). Je viens de recevoir quatre tableaux, Monsieur.

LE CHEF (*se frottant les mains*). Allons, allons, messieurs les artistes ont confiance en nous, tant mieux ; c'est une confiance qui nous honore et dont nous n'abuserons pas. Et d'où viennent ces tableaux ?

L'Employé. Le premier est de Lyon.

Le Chef. Joli cadeau ! ma foi ! nous en sommes déjà encombrés. Je suis convaincu d'avance que c'est une croute.

L'Employé. Qui sait ? peut-être......

Le Chef. Ce serait un hasard ; mais enfin , puisqu'il est là , on ne peut pas le renvoyer, je chercherai quelque coin pour le placer.

L'Employé. Le second vient du Dauphiné.

Le Chef. Le Dauphiné, c'est bien près d'ici , cela ne doit pas valoir grand chose , mais enfin , il vaudra bien les œuvres du crû.

L'Employé. Il y en a un autre qui arrive de Quimpercorentin.

Le Chef. Ah ! voilà qui est rassurant , Quimpercorentin, c'est loin ! attendez donc , c'est dans les Vosges, je crois ; en avez-vous pris soin ? l'avez-vous déballé avec précaution. Je ne saurais trop vous recommander d'avoir des égards pour les étrangers qui nous font l'honneur d'exposer chez nous...

L'Employé. Et le quatrième est de Genève.

Le Chef. Eh quoi! vous ne le disiez pas tout de suite! De Genève! de l'étranger! mais c'est divin, c'est délicieux! c'est un chef-d'œuvre!

L'Employé. Je ne crois pas, Monsieur, c'est un Diday.

Le Chef. Je veux présider moi-même à l'accrochement du tableau, il faut qu'il soit dans son jour, entendez-vous, je ne veux pas que cela se fasse sans que je sois là. Ah! l'étranger nous honore ainsi ; nous *acquerrons* bien certainement ses tableaux.

L'Employé. À propos de cela, monsieur Chose, de Lyon, qui a apporté aujourd'hui son tableau, nous a dit que la Société devrait bien encourager ses compatriotes de préférence aux étrangers.

Le Chef. C'est un fou ! un maniaque ! il ne sait ce qu'il dit. Ces messieurs les artistes de Lyon se figurent, que parce que nous sommes *les Amis des*

Arts, nous devons être les amis des artistes ; ils divaguent, cela ne se ressemble pas du tout. D'ailleurs, vous répondrez à monsieur Chose, de Lyon, qu'il peut lire la devise que nous avons fait peindre à la porte d'entrée : *honos alit artes*, trois mots latins, qui veulent dire ; *la gloire est le pain des artistes*, ainsi que me l'a expliqué mon confrère, le savant, qui a su autrefois le latin.

L'Employé. Mais monsieur Chose, de Lyon, disait précisément à ce sujet, qu'on aurait pu remplacer avantageusement le mot *honos* par le mot *pecunia*.

Le Chef. *Pecunia ! pecunia !* et qu'est-ce que cela veut dire ? savez-vous le latin, vous ?

L'Employé. Oui, Monsieur, cela veut dire *argent*.

Le Chef. De l'argent ! il faudrait avec ces messieurs avoir toujours l'argent à la main, Dieu merci, pour ma part j'encourage assez les arts ; j'ai encore acheté hier deux lithographies d'après M. Duval Lecamus que j'ai bien payées 3 francs la pièce. De l'argent ! on a beau être riche propriétaire, il faut trouver de l'argent pour payer ses impositions. Du reste, personne ne fait plus de bien que moi aux artistes. Monsieur.... Machine, de Lyon, vient manger ma soupe une fois au moins tous les trois mois; et puis je me suis laissé faire mon portrait, et ma femme aussi, et ma fille aussi; nous avons tous pris sur notre temps pour poser, parce que nous aimons les arts. Je ne lui ai rien offert, je suis convaincu qu'il aurait refusé

MONOLOGUE.

Il ne faut pas croire, mon cher public, que ce que vous allez lire soit un pamphlet au lieu d'être une œuvre de critique. Le mot qui viendra sous ma plume qu'il soit sévère ou bouffon exprimera toujours une vérité; chacun a sa manière de faire de la critique, vous allez voir la mienne. Il n'est pas non plus nécessaire que je fasse une profession de foi et que je vous ôte respectueusement mon chapeau en manière de préface; que je sois un enfant ou un barbon, un artiste ou un bourgeois; cela ne vous regarde pas. Votre intention n'est pas de me demander le pourquoi de mes observations critiques, votre droit est de les trouver absurdes ou raisonnables, pas au-delà. Conclusion; je parle et vous écoutez.

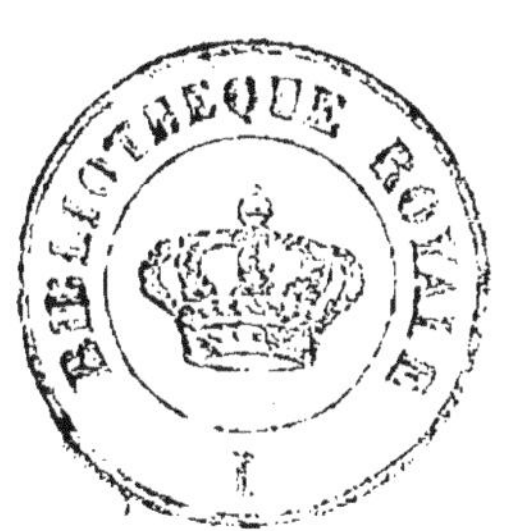

On a dit que la critique avait perdu l'art, pourquoi faut-il qu'on ait dit vrai? Dans ce siècle de camaraderie où nous vivons, on a tant proné la médiocrité aux dépens du talent véritable, on a tant usé des droits de l'amitié pour faire mouter sur le pavoi des gens indignes, on a tant écrasé de noms sous le poids des couronnes, tant illuminé de fronts à force d'auréoles, que le pauvre public ne sait plus à quel peintre se vouer et que notre pauvre école de France est aux abois et demande enfin à l'opinion consciencieuse à quel lien solide elle peut se rattacher.

De camaraderie en camaraderie, on en est venu, et cela est une histoire d'hier, à faire de M. Delacroix un chef d'école, en comparant ses *femmes orientales* au *St-Symphorien* de M. Ingres. Qu'est-ce que cela veut dire? veut-on faire traduire l'histoire en tableaux de chevalet. Il y a pourtant long-temps qu'on rit en France de cet homme qui voulait mettre l'histoire romaine en madrigaux.

Il faut bien regarder à deux fois les gens que l'on intronise; il y a des louanges exagérées qui font plus de mal que de bien à l'artiste. Je ne nie pas que M. Delacroix soit un grand peintre, mais par malheur les vapeurs de l'encens l'ont énivré dès le berceau et il ne vit plus aujourd'hui que d'une vie languissante. C'est un ange devenu aveugle à force d'avoir regardé le ciel.

Il y a quelque part dans ce monde l'opinion d'un homme d'esprit qui fait des prosélytes et que j'ose à peine vous dire, la voici pourtant : *en fait de peinture suivez la foule.* A ce compte, M. Biard serait le plus grand peintre du monde. Pauvre foule! elle passe au Louvre chaque dimanche devant Raphaël et le Poussin pour s'arrêter devant Gérard et Vernet. Pauvre foule! suivez-la dans votre Palais des Arts à Lyon, elle s'arrêtera devant le *Vœu à la Madone* de M. Bonnefond et ne jettera pas un regard sur cette belle étude de Lehmann.

En fait de peinture, il faut voir et ce n'est pas une mince étude à faire; voir c'est deviner, il faut, je crois, pour voir plus que de l'expérience.

Mais revenons à M. Lehmann, car il est temps d'entrer en matière; M. Lehmann est un élève de M. Ingres et qui suit son maître de près. Il y a dans cette tête (*Le père du Cid*) une pureté de dessin irréprochable et un sentiment profond de pensée, la pose en est franche et bien entendue, mais sont-ce bien des cheveux? mais le fonds n'est-il pas trop sombre? Je sais bien que l'idée est grave et que M. Lehmann a voulu la bien *harmoniser*; cela pourra justifier le second défaut que j'y trouve, mais encore une fois, sont-ce bien des cheveux ? ou ces cheveux ne sont-ils pas bien mal peignés ? Ceci n'est qu'une simple réflexion ; en fera son profit qui voudra. Si, chez M. Lehmann, le sombre domine, en revanche, chez M. Bonnefond son voisin, la lumière surabonde ; son soleil me fait toujours mal aux yeux. Chair, sang, linge, larmes, pour lui tout est jaune ; à ce défaut près, il y a de bonnes qualités dans le *Vœu à la Madone*. La composition de ce tableau, qui n'a pas dû couter beaucoup de peine à M. Bonnefond, a de l'ensemble, et les poses en sont vraies, l'enfant est bien malade, c'est une tête bien exécutée, la mère aussi pleure bien ; en somme le groupe entier a du charme. Je dis *du charme* et rien de plus, parcequ'il aurait dû me faire venir des larmes dans les yeux et que je suis resté froid en le considérant. Et puis M. Bonnefond ne prouvera jamais que le deux jambes de l'enfant malade soient de chair et non d'ivoire et que la main droite de la mère soit une main, et que tout son ajustement ne pèse pas cent livres.

Il y a non loin de votre tableau principal, M. Bonnefond, deux têtes de moines, deux belles études ou le jaune n'est entré pour rien. Vous avez parfaitement réussi ; peut-être parce que vous n'aviez pas sous le pouce votre palette ordinaire qui va du jaune paille à la terre d'ombre.

J'arrive à M. Flandrin, comme on revient à un vieil ami, qui a toutes vos sympathies et toute votre affection. Je revois avec joie son œuvre qui me fait rêver, cette grande et belle page où on lit tant et de si tristes pensées. La composition de ce tableau est simple et grandiose à la fois. Le Dante est placé bien naturellement, c'est l'homme qui questionne et écoute. Si Virgile était moins raide et s'il avait l'air moins rhétoricien, je ne sais ce qu'on pourrait reprocher à ce tableau où l'on trouve une tête, celle de cet homme aux cheveux crépus qui dort, d'une beauté du premier ordre. On m'a dit que ce tableau, et l'*Euripide*, avaient été vendus pour 4,500 fr. On s'est trompé, n'est-ce pas ? grande ville d'artistes, on a voulu dire : donné.

M. Orsel, souvent vous avez fait beaucoup mieux, donc je remets mes louanges à une autre exposition. Dans votre tableau *du Bien et du Mal* il me semble que la part du mal l'emportant sur la part du bien, il vaut mieux attendre de vous un tableau où le bien l'emportera sur le mal.

M. Fragonard, un des entrepreneurs des plafonds du Louvre et M. Robert-Fleury, ont exposé, le premier, *une Françoise de Foix ;* le second, *une Mort de Henry IV.* Deux sujets historiques, car ces messieurs sont peintres d'histoire. Autrefois M. Fragonard eût des beaux jours à Paris ; du temps où l'*Endymion* de Girodet passait pour un chef-d'œuvre et le *Naufrage de la Méduse* pour une grossière et ridicule ébauche. M. Robert-Fleury a eu aussi quelque peu de renommée, dans un temps plus rapproché de nous, il est vrai, mais M. Robert-Fleury s'est trompé. Pardon, messieurs, du croc-en-jambe que je donne à vos deux illustrations ; je comprends que pour M. Fragonard, l'entrepreneur de plafonds, la chûte est rude, car c'est tomber de bien haut.

Je voudrais pouvoir dire à M. Guindrand tout ce que j'éprouve quand je regarde un de ses paysages. Il me semble que je suis là, marchant dans le sentier qu'il a fait, ramassant les fleurs des champs, faisant lever la poussière sous mes pieds, prenant de son eau dans le creux de ma main, et marchant, marchant toujours pour joindre ses horisons qui ont quinze lieues au moins.

Il y a dans toutes ses compositions un sentiment de nature vraie qui étonne, et une vivacité de coloris qui plaît à l'œil ; tout respire, tout vit, tout se meut dans ses tableaux; on pourrait tout prendre avec la main. J'ai bien entendu quelques causeurs blâmer ses fumées grises qui sortent de toutes ses cheminées; c'est qu'ils ne comprenaient pas l'intention malicieuse de M. Guindrand qui cherche à prouver à ces causeurs-là que pour eux les arts sont de la fumée. A lui les honneurs de l'exposition! A lui Lyonnais!! Je dis cela, et j'ai tort, car je vais me faire des ennemis de tous ses compatriotes.

— Seriez-vous assez bon, Monsieur, pour me dire pourquoi cette femme tire en l'air un coup de pistolet? — Quelle femme? — Je ne sais pas? Il y a sur le livret, Mme Guymet. — Mme Guymet! c'est le nom du peintre; la femme, c'est Judith. — Elle refuse, sans doute, de tirer sur son adversaire, c'est un beau trait. — Au contraire, elle vient de l'égorger. — Ah vraiment! c'est un bien vilain trait alors. Tiens, mais il me semble que c'est un grand sabre. — Précisément. — Et qui fume encore du sang dé la victime. Ça fait mal à voir, je ne sais pas comment on expose des choses comme ça.

Mais qu'a donc fait M. Loubon, un homme de talent; avec quels yeux a-t-il vu la nature? Non que je veuille déprécier son œuvre tout entière; il y a de la vie, du mouvement dans ce troupeau qui marche à l'aventure ; mais tous ces plans multipliés sont posés les uns sur les autres sans aucune perspective, et puis ce nuage de poussière est opaque, il n'y a point d'air qui le disperse, il est comme écrasé sur le tableau. Je ne comprends pas non plus cette longue file d'oiseaux, qui ressemble à la queue d'un cerf volant égarée ; c'est de la vérité grotesque.

Qu'est-ce que vous voulez que je dise de vous, M. Jacquand? du bien, j'y consens ; du mal, volontiers ; vous voyez que je suis de bonne composition. Il y a dans toutes vos productions un *faire* délicieux et un laisser aller qui ne manque pas de grâce ; mais quelquefois il dégénère en une fécondité qui fait de vos tableaux des pochades. *Cinq-Mars* et *Une scène de la Fronde*, ne sont que des esquisses.

Comminge est une idée malheureuse ; où est-il ce héros de votre tableau? Il y a bientôt trois semaines que je le cherche sous la bordure. Peut-on deviner que du principal personnage on ne voit que le pan de la robe? Cela me rappelle un peintre qui, pour montrer Achille, ne voulait faire qu'un talon.

Mme Haudebourt Lescot a mis en couleur une petite scène dans une petite chambre, entourée d'un petit cadre, le tout représentant *un poëte et son libraire*. Je vais donner à Mme Haudebourt Lescot l'idée d'un pendant à son tableau; c'est *un peintre et son acheteur*. Mais je veux rendre mon idée complète; l'acheteur fera la grimace comme le libraire, car il trouvera le tableau mauvais; le peintre, de son côté, essayera de prouver qu'il a mis du rose sur du bleu et du vert sur du jaune et semblera fort amoureux de son ouvrage; l'acheteur, ainsi que les personnes que l'on placera devant le tableau, ne persisteront pas moins à faire la grimace.

Le cardinal de Richelieu annonce à Marie de Médicis son exil hors de France. C'est M. Marquet qui dit cela, et qui fait mieux, qui le met sur la toile. M. Marquet s'est inspiré d'un livre de M. Lottin de Laval, homme de savoir et d'esprit. Je suis heureux de trouver l'occasion de conseiller aux Lyonnais de lire *Marie de Médicis* de mon ami Lottin, je les laisse libre de regarder le tableau, après la lecture de ce roman historique. La peinture ne fera aucun tort au livre.

M. Dubuisson va du grave au doux, du plaisant

au sévère; portraits, paysages, animaux, Autrichiens même, tout lui est bon, il fait de tout avec un égal succès. Je voudrais lui voir aborder franchement un genre, car il y a déjà plus que de l'avenir sous son jeune pinceau.

On chicane M. T. Gudin sur la couleur de sa mer; on a tort. Si je voulais vous dire pourquoi, je ferais dix pages inutiles qui contiendraient une magnifique description de tempête; mais il y a déjà neuf ans que j'ai fait ma rhétorique et je craindrais de vous ennuyer. Je trouve plus court de vous assurer que la mer est bleue et qu'il y a dans ce petit sauvetage plus de *chique* que dans toutes les compositions de M. Guichard. Pardon si j'écris ainsi le mot *chique* au lieu de *chic*, comme l'écrivent certains critiques. C'est un *chique* que je me donne. Quand on pense que M. Guichard a peint avec ses mains et que M. Ducornet a peint avec son pied, cela fait faire de sérieuses réflexions.

M. Laure a exposé une chanson de Béranger, *les deux sœurs de charité*. Si M. Scribe, l'académicien, avait vu ce tableau, c'est pour le coup qu'il se serait écrié, avec une légère faute d'orthographe, que :

Laure est une chimère !

Oh ! oh ! voilà un grand seigneur , c'est de M. Cornu.—Eh mais, c'est le portrait de l'auteur, dit le livret; c'est bien peint pour un grand seigneur. — Mais non , c'est un baron? l'auteur est plus loin, c'est le meilleur portrait du salon.

— Comment, Monsieur, vous êtes connaisseur et vous passez devant un Calame? — Je n'ai pas d'autres raisons à vous donner , répondis-je à mon interlocuteur, on dit que je suis connaisseur. — Mais c'est du Ruisdael pur, regardez donc ce ciel, ces arbres, cette eau!! — Je suis enchanté, Monsieur, d'avoir fait votre connaissance , j'ai l'honneur de vous saluer.

N'approchez pas de trop près du grand tableau de M. Diday , car il va tomber, les pierres du pont se disjoignent et vont rouler dans l'abîme , les rochers ne se tiennent plus entre eux , les arbres sont déracinés, les hommes, les chevaux, ne se soutiennent plus, tout tombe enfin, c'est un cataclysme général, il n'y a que l'eau qui ne tombe pas et qui a l'air d'être de l'huile figée qui s'arrête pour assister à cette scène de dislocation où la nature dégringole.

Il y a pourtant dans ce tableau une hardiesse de touche surprenante; mais rien ne se tient. Dans la marine *acquise* du même M. Diday, le ciel est sombre et tout l'horison est d'un gris épais, la mer est verte et l'arbre me semble éclairé par le soleil. Voyez ce que c'est pourtant que la nature, comme elle est peu harmonieuse. Quant au bateau à vapeur toujours de ce même M. Diday, que dirais-je :

> Monsieur, votre vapeur
> Vous fait beaucoup de l'honneur.

Si M. Fonville avait de la hardiesse de touche, il serait plus qu'un agréable paysagiste, mais il y a de la mollesse dans son pinceau et trop d'uniformité dans l'ensemble de ses compositions. Que M. Fonville étudie M. Guindrand et il acquerra ce qui lui manque, une grande vivacité de couleur et des effets de perspective ravissants.

Les frères Deveria ont le bonheur de passer inaperçus dans cette exposition. C'est ce qui pouvait leur arriver de plus heureux.

M. Genod se ferait-il peintre sur porcelaine ? Ses trois tableaux ont l'air d'avoir été cuits dans un *moufle* (espèce de four où cuit la porcelaine). Les trois agréables petits sujets qu'il a livrés à l'admiration publique sont pleins de candeur et d'innocence. On dirait trois contes de M. Bouilly mis en

peinture. Il y a de quoi humidifier les yeux de toutes les jeunes femmes sensibles de Lyon.

Je vois av c peine les progrès que fait M. Genod;
la porcelaine va renchérir.

Il y a un joli fond dans le tableau de M. le che-
valier Lapito.

— Pardon, monsieur, pourriez-vous me dire
s'il pleut. — Il me semble qu'il neige. — Vous
vous trompez, Messieurs, il fait soleil. — Mais,
voyez donc, ces deux parapluies vert et rouge sont
refletés de blanc. — C'est bien évidemment de la
neige. — Vous vous trompez, c'est la pluie qui
ruisselle.—Comment, vous ne voyez pas que c'est
le soleil qui dore ces parapluies. — On voit bien
que ce tableau n'est pas de M. Bonnefond, car le
soleil serait jaune au lieu d'être blanc. Allons
tout ceci n'est pas clair.

Ce n'est pas M. Alfred ni M. Tony qui ont
exposé cet épisode napoléonien, c'est M. Charles
Johannot, qu'il ne faut pas confondre avec les pré-
cédents.

—Avez-vous vu *Clémence Isaure improvisant
ses poésies?* — Non. Eh! bien je vous conseille
de regarder avec attention les jolis paysages de
M. Leymarie.

La *Vue de la ville d'Amiens*, de M. Frédéric Merçey, est, à mon avis, un charmant tableau; il y a des terrains vrais, et la ville est profonde et bien étagée. Si la cathédrale était mieux assise, et les détails du premier plan plus minutieusement desssinés, cette vue ferait un fort agréable pendant à la *Vue de Rouen* de M. Justin Ouvrié.

Pour une sculpture d'amateur, la sculpture de M. Lèopold de Ruolz est assez convenable.

Les portraits de M. Auguste Flandrin sont délicieux de ressemblance. Si j'étais indiscret, j'oserais demander à M. Flandrin de me crayonner dans une de ses heures perdues; le public ne serait peut-être pas fâché d'avoir sous les yeux le portrait d'un si grand critique.

M. Colin, de Nîmes, n'a pas voulu indiquer les titres de ses sujets. Il a pensé que le public suppléerait facilement au livret; mais le public y met une inconcevable malveillance, ou il a une ignorance profonde de toute science historique; il ne veut pas que M. Colin ait fait de l'histoire, il persiste à croire que M. Colin fait de l'histoire de paravent et du drame de papier peint.

MM. Rittner et Goupil ayant exposé le tableau

de M. Biard, *la recette manquée, contre l'intention de l'auteur ;* je ne dirai rien *contre* M. Biard, ni *pour.*

Je me souviens d'un vaudeville où l'on chantait ce couplet national :

> La politesse est fille de l'honneur,
> C'est dire assez qu'elle est française.

Cela veut dire que je dois être galant envers ce sexe que M. de Jouy appelle *une belle erreur de la nature ;* or, je serais injuste si je passais sous silence Mmes Artaud, Brune, Chantereine, Colin, Hermann, Joly, Laurent, Lemire, J. P. Verdé Delisle et Qindl. Chacune de ces dames sera satisfaite et ma conscience aussi.

Si j'omets un tableau, je vous prie, ô public, de m'en prévenir ; je suis prêt à réparer mon oubli. Peut-être ai-je passé devant quelque Raphaël en herbe, devant quelque Claude Lorrain, qui poind derrière des brouillards ; mais que voulez-vous ? Pourquoi le génie se cache-t-il ? Ce n'est pas ma faute si je ne le découvre pas.

A vous M. l'architecte ! Vous êtes un homme de goût, dit-on, et vous n'avez pas pu exécuter votre pensée ; je vous plains, je ne vous blâme pas.

Si M. Léon Boitel, mon imprimeur, voulait avoir confiance en mon jugement, il enverrait à l'exposition de la société *des Amis des Arts,* quelques-unes de ses belles pages typographiques, cela vaudrait bien les gravures, dessins et images qui ornent la *post-chambre* de l'exposition.

Si je finissais par quelque trait piquant sur moi, ce ne serait peut-être pas maladroit ; et ce moyen ingénieux pourrait me faire trouver grâce devant bon nombre de lecteurs ; mais à quoi bon ? le public se chargera bien de me payer avec la monnaie qui me revient.

ÉPILOGUE.

La brochure une fois achetée, on n'en rendra pas la valeur, si, par hasard, le lecteur était mécontent.

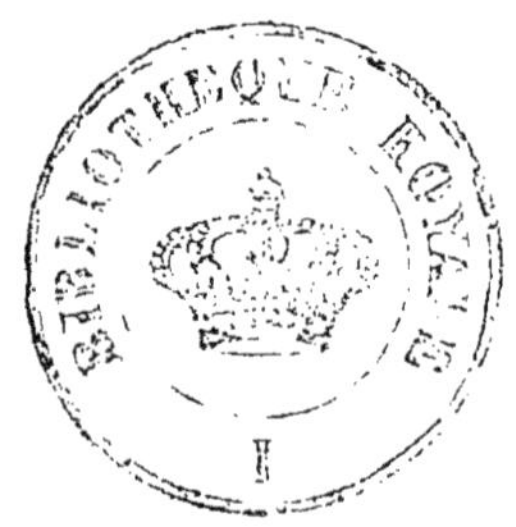